Rene Huschka

Web 2.0 im Unternehmenskontext

Rene Huschka

Web 2.0 im Unternehmenskontext

GRIN Verlag

Bibliografische Information der Deutschen Nationalbibliothek: Die Deutsche Bibliothek
verzeichnet diese Publikation in der Deutschen Nationalbibliografie; detaillierte bibliografische Daten sind im Internet über http://dnb.d-nb.de/ abrufbar.

1. Auflage 2009
Copyright © 2009 GRIN Verlag
http://www.grin.com/
Druck und Bindung: Books on Demand GmbH, Norderstedt Germany
ISBN 978-3-640-33781-1

Web 2.0 im Unternehmenskontext

Seminararbeit

Wirtschaftswissenschaftliches Seminar im Wintersemester 08/09

René Huschka
Abgabetermin: 13.02.2009

INHALTSVERZEICHNIS

ABKÜRZUNGSVERZEICHNIS

bspw.	beispielsweise
bzgl.	bezüglich
bzw.	beziehungsweise
d.h.	das heißt
i.e.S.	im engeren Sinn
z.B.	zum Beispiel

ABBILDUNGSVERZEICHNIS

1 Zielsetzung der Arbeit

Zu allererst beschreibe ich in der vorliegenden Seminararbeit die grundlegende Bedeutung des Web 2.0 für den privaten Nutzer sowie für die Anwendung im Unternehmensbereich. Danach schaffe ich ein Verständis für den Begriff des Web 2.0. Hierfür gebe ich einen kurzen Überblick über die grundlegenden Prinzipien, Technologien und Anwendungen des Web 2.0, um anschließend das Web 2.0 speziell im Unternehmenskontext zu untersuchen. Insbesondere soll dabei auf die Frage eingegangen werden, ob und wie Unternehmen das Web 2.0 nutzen können, um ihren Gewinn zu steigern. Die theoretischen Ausführungen werden anschließend durch ein konkretes Szenario in die Praxis übertragen. In dem Szenario geht es um eine kleine Kapitalgesellschaft (5 Millionen Euro Umsatz im Jahr 2006, 9 Angestellte im Jahr 2007), dass seine statische Webseite durch die Integration von Web 2.0-Elemente optimieren möchte. Daraus verspricht es sich eine Gewinnsteigerung. Das Ergebnis werde ich dann im Anschluß bewerten und schließlich am Ende noch einen kurzen Ausblick über die zukünftige Entwicklung und Bedeutung des Web 2.0 geben.

2 Grundlegende Bedeutung des Web 2.0

Das Internet umfasste 1999 eine Größe von ca. 179 Millionen User weltweit.[1] Zudem wächst das Internet nachwievor mit einer großen Geschwindigkeit und durchdrängt unseren Alltag immer stärker.[2] Ende 2010 wird eine Gesamtgröße des Internets von über eine Milliarde User weltweit prognostiziert.[3] Neue Technologien und Anwendungen des Web 2.0 steigerten in den letzten Jahren nochmals das Interesse und die Attraktivität des Internets, im besonderen Maße für die Bevölkerung von Industriestaaten.[4] Im Jahr 2002 verbrachten Menschen, die mehr als 5 Jahre Erfahrung mit dem Internet haben, über 16 Stunden pro Woche im Internet.[5] Damit verbringen Menschen heutzutage im Durchschnitt mehr Zeit im Internet als vor dem Ferseher oder Radio.[6]

---

[1] Vgl. Slawik (2001), S. 9.
[2] 58% aller Personen ab zehn Jahren gingen im ersten Quartal 2004 mindestens einmal ins Internet, sei es für private oder berufliche Zwecke. Das waren etwa 42 Millionen Menschen. Zwei Jahre zuvor waren es 46%. (Statistisches Bundesamt 2004, http://www.destatis.de/jetspeed/portal/cms/Sites/destatis/Internet/DE/Presse/pm/2005/03/PD05__120__ik t.psml, Abruf: 19.01.2009)
[3] Vgl. Fritz (2001), S. 217.
[4] Vgl. Reisch (2001), S. 253, 255. Vgl. Hein (2007), S. 17 f. .
[5] Vgl. Haythornthwaite, Wellman (2002), S. 23.
[6] Vgl. Duschinski (2007), S. 19.

Auch die Unternehmen erkennen, nicht zuletzt wegen der steigenden Attraktivität des Web 2.0 im Privatbereich, die Vorteilhaftigkeit des neuen Internets für ihre Geschäftstätigkeit und nutzen die neuen Möglichkeiten des Web 2.0 insbesondere in den Bereichen des Marketings, des Vertriebs und der internen und externen Unternehmenskommunikation.[7]

3 Der Begriff des Web 2.0

Im Zuge des Vorhabens, sich über den Begriff des Web 2.0 ein Bild zu machen, wird in der Literatur oft die Frage aufgeworfen, ob das Web 2.0 nur ein Medien geschürter Hype oder eine im höchsten Maße innovative Neuerung des Internets ist.[8] Um ein Begriffsverständnis und eine abschließende Antwort auf die Frage des innovativen Charakters des Web 2.0 zu bekommen, ist es zunächst notwendig, prägende Charakteristika des Web 2.0 zu beschreiben und diese mit denen des Web 1.0 zu vergleichen.

In der Literatur wird das Web 2.0 als Sammelbegriff für eine Reihe von Entwicklungen des World Wide Web verstanden, der den aktuellen Stand der Entwicklungen aus technologischen, soziologischen, individuellen und ökonomischen Perspektiven zusammenfasst.[9] Demnach sind einige Prinzipien, Technologien und Anwendungen charakteristisch für das Web 2.0.

3.1 Prinzipien

Folgende grundsätzliche Prinzipien sind typisch für das Web 2.0 und prägen die konkrete Ausgestaltung der Anwendungen des Web 2.0 sowie die Nutzungsweise dieser durch die User.

- Demokratisierung
- Individualisierung
- Interaktivität

Demokratisierung bedeutet, dass jeder nunmehr auf einfache Art und Weise die Möglichkeit hat, frei und unabhängig zu publizieren.[10] So kann jeder Nutzer in einer

---

[7] Vgl. Duschinski (2007), S. 19. Vgl. Hein (2007), S. 20.
[8] Vgl. Garcia (2007), S. 1.
[9] Vgl. O'Reilly, Musser (2006), S. 4.
[10] Vgl. Hein (2007), S. 7. Vgl. Garcia (2007), S. 8. Vgl. Duschinski (2007), S. 10.

2

Situation passiver Informationskonsument, in einer anderen Situation aber auch aktiver Informationslieferant sein.[11]

Individualisierung beinhaltet das Kriterium der Gestaltungsfreiheit des Einzelnen.[12] Nutzer können nun selber entscheiden, wie sie im Internet wahrgenommen werden möchten.[13] Dadurch entsteht eine neue Macht des Einzelnen, der durch sein eigenes Engagement am Prozess der Meinungsbildung beteiligt ist.[14]

Interaktivität zeichnet sich dadurch aus, dass zeitlich und räumlich getrennte Nutzer gemeinsam Beiträge, erstellen oder bearbeiten können.[15] Sie sind damit nicht mehr auf ein zeitliches oder räumliches Aufeinandertreffen angewiesen. Die Content-Erstellung verläuft jetzt viel dynamischer ab, als es im Web 1.0 der Fall war.[16]

3.2 Technologien
AJAX ist eine Programmiertechnologie, die es ermöglicht, nur einen Teil der Webseite zu laden, was zu einer beschleunigten Informationsbereitstellung führt.[17] Dies ist Grundvoraussetzung für das schnelle, interaktive und anwenderfreundliche Internet der heutigen Zeit.[18]

3.3 Anwendungen

3.3.1 Podcasts
Podcasts sind eine Reihe von Audio- oder Video-Beiträge, die online abrufbar sind und regelmäßig ausgestrahlt werden.[19] Die Beiträge können abonniert und mittels spezieller, oft kostenfreier Software (Podcatcher) heruntergeladen werden.[20] Podcasts ermöglichen es, unabhängig von der Uhrzeit Fernseh- und Radiosendungen zu konsumieren.[21] Dazu muss lediglich der Podcast-Feed in den Podcatcher kopiert werden, um die Podcasts zu abonnieren.[22]

---

[11] Vgl. Meyerhöfer (2006), S. 69. Vgl. Hein (2007), S. 7.
[12] Vgl. Garcia (2007), S. 8.
[13] Vgl. Garcia (2007), S. 8.
[14] Vgl. Garcia (2007), S. 8.
[15] Vgl. Kilian, Hass, Walsh (2007), S. 6. Vgl. Duschinski (2007), S. 7, 10.
[16] Vgl. Kilian, Hass, Walsh (2007), S. 7.
[17] Vgl. Mühlenbeck, Skibicki (2007), S. 20. Vgl. Garcia (2007), S. 23.
[18] Vgl. Garcia (2007), S. 21.
[19] Vgl. Hein (2007), S. 54.
[20] Vgl. Hein (2007), S. 54 f. .
[21] Vgl. Hein (2007), S. 57.
[22] Vgl. Hein (2007), S. 57.

3.3.2 Feeds

Feeds dienen aber nicht nur dem Abonnieren von Podcasts, sondern können auch als RSS-Feeds in Webseiten integriert werden, um bspw. über Neuigkeiten im Unternehmen, über branchenspezifische Nachrichten oder allgemeine Nachrichten zu berichten.[23] Dies macht eine Webseite attraktiver und sorgt für eine höhere Abrufquote.[24] Die Nutzung ist problemlos über den Browser möglich.

3.3.3 Blogs

Blogs sind im Web geführte Tagebücher oder Journals zu bestimmten Themen.[25] Hier werden Textbeiträge und Fotos oder auch Audio-Beiträge und Videos chronologisch aneinandergereiht.[26] Die Beiträge werden von einem Primär-Autor oder einer Autorengruppe erstellt.[27] Jeder Textbeitrag kann von jedem Blogger kommentiert werden, wodurch ein interaktiver Austausch zwischen den Bloggern stattfinden kann.[28] Die Nutzung ist fast ausschließlich kostenfrei, da Blog-Software oder Blog-Dienste kostenlos genutzt werden können.[29] Im Gegensatz zu Web-Foren gibt es in Blogs einen übergeordneten Hausherrn, der die Beiträge steuern und überwachen kann.[30] Mehrere Blogs, die über Links in den Beiträgen miteinander verknüpft sind, bilden eine Blogosphäre.[31] Heute werden rund 200 Millionen Blogs weltweit gezählt.[32]

3.3.4 Wikis

Wikis sind Online-Lexika, die unentgeltlich gelesen als auch direkt verändert werden können.[33] Alle Nutzer sind gleichberechtigt und können sich uneingeschränkt beteiligen, indem sie an Beiträgen zu bestimmten Themen mitschreiben, diese bearbeiten oder neue Beiträge einstellen.[34]

---

[23] Vgl. Hein (2007), S. 57.
[24] Vgl. Hein (2007), S. 57 f. .
[25] Vgl. Hein (2007), S. 24.
[26] Vgl. Hein (2007), S. 24.
[27] Vgl. Hein (2007), S. 28.
[28] Vgl. Hein (2007), S. 27.
[29] Vgl. Hein (2007), S. 24.
[30] Vgl. Hein (2007), S. 28.
[31] Vgl. Hein (2007), S. 30 f. .
[32] Vgl. Mühlenbeck, Skibicki (2007), S. 20.
[33] Vgl. Hein (2007), S. 39.
[34] Vgl. Hein (2007), S. 39.

3.3.5 Messaging

Das Messaging bietet die Möglichkeit der direkten, interaktiven Kommunikation.[35] Neben dem Austausch von Textnachrichten sind ebenso Voice-Chats oder Video-Chats möglich.[36] Instand Messenger eignen sich zudem für den einfachen und schnellen Informationsaustausch zwischen Unternehmensmitarbeitern, da mittels Whiteboards das gemeinsame Erstellen von Dokumenten möglich ist.[37] Sie finden daher besonders bei Projekt- und Teamarbeiten Anwendung.[38] Das Telefonieren von PC zu PC ist kostenfrei und durch die günstigen Tarife für Telefonate ins inländische und auch ausländische Festnetz können Kosten in erheblichem Umfang reduziert werden.[39] Zudem bietet Skype die Möglichkeit, Skype-Buttons in die eigene Unternehmens-Webseite zu integrieren, damit ein Unternehmen seinen Kunden eine direkte und kostenfreie Kontaktmöglichkeit anbieten kann.[40] Dazu muss aber auch Skype auf dem Rechner des Kunden installiert sein.

3.3.6 Mashups

Als Mashups werden Internet-Angebot bezeichnet, in denen fremde Inhalte oder Dienste in die eigene Webseite eingebunden werden, um dem Nutzer einen Zusatznutzen zu bieten.[41] Dies können z.b. Geo-Daten oder Anfahrtsbeschreibungen mit Kartenmaterial zu im Internet veröffentlichten Bildern oder Standorten von Filialen eines Unternehmens sein.[42] Aber auch Nachrichten-Feeds anderer Unternehmen können in die eigene Internetpräsenz eingebunden werden.[43]

3.3.7 Online-Communities

Online-Communities sind Menschengruppen, die über Internet-Plattformen miteinander kommunizieren, um sich selbst, eigene Bilder oder Audio- bzw. Video-Beiträge öffentlich darzustellen.[44] Communities kombinieren verschiedene Web 2.0-Elemente wie Blogs und Wikis und werden deshalb auch als Königinnen des neuen Internets beschrieben.[45] Sie vereinen alle oben beschriebenen Kommunikationsinstrumente an

---

[35] Vgl. Hein (2007), S. 58.
[36] Vgl. Hein (2007), S. 58.
[37] Vgl. Hein (2007), S. 59.
[38] Vgl. Hein (2007), S. 59.
[39] Vgl. Hein (2007), S. 59 f. .
[40] Vgl. Hein (2007), S. 60.
[41] Vgl. Hein (2007), S. 67.
[42] Vgl. Hein (2007), S. 67 – 69.
[43] Vgl. Hein (2007), S. 69.
[44] Vgl. Hein (2007), S. 42. Vgl. Mühlenbeck, Skibicki (2007), S. 15.
[45] Vgl. Mühlenbeck, Skibicki (2007), S. 12.

einem virtuellen Ort.[46] Prominente Beispiele für Online-Communities sind bspw. MySpace oder YouTube. Jeder Nutzer hat die Möglichkeit die eingestellten Beiträge zu kommentieren und zu bewerten. Die Nutzer können ein Netzwerk aufbauen, indem sie Freunde oder Bekannte einladen, ihre Beiträge anzuschauen, um auf diese Weise mit ihnen in Kontakt zu treten.[47] Jeder Beitrag erhält von den Nutzern Tags (Schlagworte), damit dieser in der Fülle der Beiträge mühelos gefunden werden kann.[48]

3.4 Fragwürdiger Innovationscharakter des Web 2.0

Fraglich ist jedoch, ob das Web 2.0 auch so innovativ ist, wie es gerne von den Medien, Softwareanbietern und Unternehmensberatungen propagiert wird.[49] Die vielen neuen, oben beschriebenen Anwendungen, legen den Schluss nahe, dass dem wohl so sei. Jedoch entwickelte sich das Internet eher kontinuierlich weiter, ohne eine sprunghafte Entwicklung zu nehmen, die eine Bezeichnung des Web der Version 2.0 rechtfertige.[50] Ursprung des Begriffs war lediglich die Bezeichnung einer Internetkonferenz zwischen Dale Dougherty von O′Reilly Media und Craig Cline von MediaLive über das Thema neuer Einsatzmöglichkeiten für (bestehende) Web-Technologien und Applikationen.[51] Die Internetkonferenz erhielt den Namen „Web 2.0 Conference" und der Ausdruck Web 2.0 sollte eine neue Ära des Internets nach dem Dot-Com-Kollaps bezeichnen.[52] Der Begriff des Web 2.0 hat daher weniger mit grundlegenden Innovationen, als vielmehr mit der Kennzeichnung der Zeit nach dem Dot-Com-Kollaps zu tun und umfasst heute die veränderte und einfachere Nutzungsweise des Web, ohne aber diese begründet zu haben.[53] Selbst Prinzipien wie Demokratisierung und Individualisierung sind keine Innovationen des Web 2.0, sondern wurden bereits vor der Zeit des Web 2.0 verfolgt.[54] Damals geschah dies über private Homepages, heute überwiegend über Blogs und Online-Communities.[55] Verändert hat sich hingegen die Einstellung und Sichtweise der Nutzer bzgl. des Internets.[56]

---

[46] Vgl. Mühlenbeck, Skibicki (2007), S. 16.
[47] Vgl. Hein (2007), S. 46.
[48] Vgl. Hein (2007), S. 50 f. .
[49] Vgl. Garcia (2007), S. 6.
[50] Vgl. Garcia (2007), S. 5 f. .
[51] Vgl. Garcia (2007), S. 1.
[52] Vgl. Garcia (2007), S. 1 f. .
[53] Vgl. Duschinski (2007), S. 12. Vgl. Hein (2007), S. 11. Vgl. Mühlenbeck, Skibicki (2007), S. 20.
[54] Vgl. Hein (2007), S.10 f. .
[55] Vgl. Garcia (2007), S. 4.
[56] Vgl. Mühlenbeck, Skibicki (2007), S. 20.

Unbestritten ist aber, dass das heutige Internet, das Web 2.0 mit seinen beschriebenen Technologien und Anwendungen, dem privaten Internetnutzer als auch Unternehmen einen großen Nutzen stiftet und damit eine große Bedeutung im Alltag hat.

4 Unternehmen und das Web 2.0

4.1 Szenario: Optimierung der Webseite www.bears-friends.de durch Integration Web 2.0-Elementen

4.1.1 Ausgangssituation

Die Webseite der Bears & Friends Süßwaren Vertriebs GmbH & Co. KG ist mit Ausnahme des animierten Intros eine einfache und statische Internet-Präsenz. Die Webseite informiert Interessenten im Wesentlichen über die Fruchtgummi Produkte, die das Unternehmen selber herstellt und vertreibt. Neben der Möglichkeit der Einsichtnahme des Impressums, dem Ausweis der Kontaktmöglichkeiten per E-Mail und Telefon, der Bereitstellung eines Filialverzeichnisses und der Information über ein mögliches Engagement als Franchise-Partner, bietet die Seite darüber hinaus die Möglichkeit, Produkte online einzukaufen. Charakteristisch ist, dass die Webseite keinerlei Web 2.0-Elemente, wie Audio-Podcasts, Video-Podcasts, Blogs oder Newsfeeds aufweist und lediglich aus Text und starren Bildern besteht.

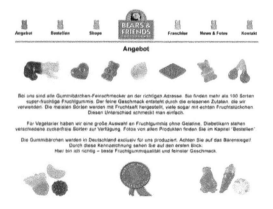

A. Webseite von Bears & Friends[57]

---

[57] http://www.bears-friends.de/ (Abruf: 19.01.2009)

4.1.2 Integration von Web 2.0-Elementen

Im nächsten Schritt meiner Arbeit wird fingiert, dass die wesentlichsten Web 2.0-Elemente, wie Blog, Wiki, Online-Community, Nachrichtenfeed, Audio-Podcast, Video-Podcast und Messaging, in den externen und internen Unternehmensbereich integriert worden sind. Die neu eingeführten Web 2.0-Elemente kommen nun einerseits bei innerbetrieblichen Vorgängen als auch im unternehmensexternen Bereich mit direkter Außenwirkung auf die Unternehmensumwelt zum Einsatz. Im nächsten Abschnitt wird nun das Ergebnis der Integration näher untersucht und abschließend bewertet.

B. Integration von Web 2.0-Elementen

4.2 Bewertung des Ergebnisses

4.2.1 Maßstab der Gewinnmaximierung

Der ökonomische Sinn einer Unternehmung besteht darin, Umsätze zu erwirtschaften und Gewinne zu generieren.[58] Die Gewinne sollen dabei in aller Regel maximal hoch sein, um bspw. Aktionären eine hohe Dividende ausschütten oder neue Investitionen tätigen zu können.[59] Investitionen werden in der Erwartung getätigt, dass diese wiederum hohe Gewinne abwerfen werden.[60] Gewinne lassen sich zum Einen über

---

[58] Vgl. Ilić, Milićević, S. 192.
[59] Vgl. Gerber, Shiu (2004), S. 3.
[60] Vgl. Devarajan, Swaroop, Zou (1996), S. 324.

Umsatzsteigerungen und zum Anderen über Kostenreduzierungen erhöhen.[61] Beide Ansatzpunkte bedürfen neben Anpassungen in anderen Unternehmensbereichen auch einer Optimierung des Marketings.[62] Gerade das Web 2.0 bietet Unternehmen im Bereich des Marketings aber auch in der internen und externen Unternehmenskommunikation viel Potenzial, das nicht ungenutzt bleiben sollte.[63] Neben dem Primärziel der Gewinnmaximierung verfolgt ein Unternehmen aber auch Sekundärziele, die Mittel und Zweck des Primärziels sind. Beispielsweise ist eine hohe Kundenloyalität für eine Umsatzsteigerung sehr dienlich, da zufriedene und von dem Unternehmen überzeugte Kunden regelmäßiger, öfter und mehr von dem unternehmenseigenen Produkt kaufen.[64] Gleichzeitig reduziert eine hohe Kundenloyalität die Marketingkosten, weil weniger Anstrengungen erforderlich sind, um Kunden zum Kauf zu bewegen.[65] Angesichts des Ziels der Umsatzsteigerung ist es ebenso von großer Bedeutung auch neue Kunden zu akquirieren.[66] Dies wiederum gelingt aber nur, wenn sich der Kunde mit dem Unternehmen identifizieren kann und das Unternehmen eine positive Reputation genießt.[67] Ein Unternehmen muss sich folglich gezielt im Markt positionieren, um den oben beschriebenen Zielen gerecht zu werden.[68] Die Sekundärziele dienen dem Primärziel der Gewinnmaximierung und sind maßgeblich für den Erfolg eines Unternehmens.

C. Primär- und Sekundärziele eines Unternehmens

[61] Vgl. Lee, Xue (2004), S. 3. Vgl. Karla, Shi (2001), S. 173.
[62] Vgl. Moorman, Roland, S. 195.
[63] Vgl. Hein (2007), S. 4.
[64] Vgl. Bowen, Chen (2001), S. 213. Vgl. Gould (1995), S. 17.
[65] Vgl. Bowen, Chen (2001), S. 213.
[66] Vgl. Knox (1998), S. 730.
[67] Vgl. Amoako-Gyampah, Acquaah (2008), S. 580.
[68] Vgl. Moschis, Lee, Mathur (1997), S. 286.

4.2.2 Vor- und Nachteile für Bears & Friends

Nach der Integration von Web 2.0-Elementen ergeben sich für Bears & Friends viele Vorteile. Die meisten Web 2.0-Elemente lassen sich mit relativ wenig Aufwand und Kapitaleinsatz realisieren.[69] Lediglich das Erstellen und die Pflege der Anwendungen sind für Bears & Friends mit Aufwand verbunden. Der Inhalt von Online-Communities und Blogs wird von den Nutzern generiert.[70] Online-Communities und Blogs haben den Vorteil, dass mit ihnen neue Trends und Meinungen über Produkte oder das Unternehmen ausgemacht werden können.[71] In Blogs können Unternehmen positiv, jedoch auch negativ thematisiert werden. Umso besser ist es, wenn sich Unternehmen in der Blogosphäre bereits auskennen und daher die Fähigkeit besitzen, frühzeitig und adäquat auf negative Publicity reagieren zu können.[72] Besitzen Unternehmen in Blogs oder Communities ein positives Image, wird dieses nochmals durch die hohe Vertrauensstellung, die Blogs und Communities genießen, nachhaltig gestärkt.[73] Blogs, Podcasts, Wikis und Messaging bieten zudem einfache und kostengünstige Lösungen für das unternehmenseigene Wissensmanagement und für die interne als auch externe Unternehmenskommunikation, insbesondere im Marketingbereich.[74] Darüber hinaus eignen sich Wikis für eine einfache Durchführung von Projekt- und Teamarbeiten.[75] Durch die Integration von Web 2.0-Elementen und der Möglichkeit der aktiven Teilnahme an der Unternehmenskommunikation wird die Unternehmenswebseite von Bears & Friends für den Nutzer interessanter und deshalb auch öfter besucht.[76] Eine Webseite der Generation Web 2.0 wird den Erwartungen der heutigen Internet-Nutzer gerecht und sorgt dafür, dass ein Unternehmen in diesem Bereich nicht den Anschluss verliert, was andernfalls mittelfristig bis langfristig negative Folgen auf den Unternehmenserfolg hätte.[77] Video- und Audio-Podcasts ermöglichen Bears & Friends auf sich aufmerksam machen zu können, sich von anderen Unternehmen abzugrenzen und im Markt deutlich positionieren zu können.[78] Ebenfalls sind Video-Podcasts, Communities und Blogs ein geeignetes Mittel des viralen Marketings,[79] sodass das Einstellen eines originellen Werbespots auf www.youtube.de eine Welle der Mund-zu-

---

[69] Vgl. Hein (2007), S. 76 f., 106.
[70] Vgl. Mühlenbeck, Skibicki (2007), S. 16.
[71] Vgl. Hein (2007), S. 32-36, 74, 100.
[72] Vgl. Hein (2007), S. 74.
[73] Vgl. Hein (2007), S. 74.
[74] Vgl. Hein (2007), S. 22, 74, 86.
[75] Vgl. Hein (2007), S. 87, 89.
[76] Vgl. Hein (2007), S. 81, 95.
[77] Vgl. Hein (2007), S. 89.
[78] Vgl. Hein (2007), S. 89.
[79] Vgl. Hein (2007), S. 101 f. .

Mund Propaganda auslösen kann, ohne dass weitere Aktionen seitens des Unternehmens notwendig sind.[80] Podcasts sind aber auch eine bequeme und kostengünstige Lösung für die Mitarbeiterschulung oder den Ersatz eines Firmensenders.[81] Alternativ dazu bieten sich auch Nachrichten-Feeds auf der Startseite des Intranets an, die Mitarbeiter auf dem Laufenden zu halten.[82] Das Instant Messaging stellt eine kostengünstige und einfache Kommunikationsmöglichkeit dar, durch die Kosten für Meetings und Reisekosten eingespart werden können.[83] Das Marktforschungsinstitut Gartner prognostiziert, dass im Jahr 2013 Instant Messenger für Mitarbeiter global agierender Unternehmen zum bedeutendsten Echtzeitkommunikationsmittel gehören werden.[84] Durch das gesteigerte Engagement von Bears & Friends im Bereich des Web-Angebots steigt die Häufigkeit der Webseiten-Besuche und parallel das Potenzial der Penetrierung neuer und größerer Märkte, wodurch sich weitere Absatzchancen für Bears & Friends ergeben.[85]

Nachteile entstehen Bears & Friends mit der Einführung von Web 2.0-Elementen durch zusätzlichen technischen und zeitlichen Aufwand für die Erstellung und Pflege von Einträgen.[86] Es müssen zu allererst die Ziele der Nutzer ergründet und in der Lebensphase der Community immer wieder Emotionalität aufgebaut und beibehalten werden.[87] Eine unternehmenseigene Online-Community stellt hohe Anforderungen an Bears & Friends, wenn es den Nutzern einen emotionalen und rationalen Nutzen bieten möchte.[88] Insbesondere können durch den kommerziellen Betrieb Glaubwürdigkeitsprobleme auftreten, die die Annahme der Nutzung der Community verhindert und das Projekt scheitern lässt.[89] Im Extremfall wenden sich die Nutzer sogar aktiv gegen das Unternehmen und führen diesem womöglich einen Imageschaden zu.[90] Zudem muss die kritische Masse an Nutzern erreicht werden, der technische Rahmen vorliegen und Anreizstrukturen zur ständigen Nutzung geschaffen werden.[91] Anonymität und große virtuelle Freiheit können Nutzer dazu verleiten, unhöflicher und

---

[80] Vgl. Hein (2007), S. 100 f. .
[81] Vgl. Hein (2007), S. 93.
[82] Vgl. Hein (2007), S. 94 f. .
[83] Vgl. Hein (2007), S. 97.
[84] http://www.gartner.com/DisplayDocument?id=595515 (Abruf: 19.01.2009)
[85] Vgl. Hein (2007), S. 106.
[86] Vgl. Hein (2007), S. 77, 79 f., 82, 84, 91, 104.
[87] Vgl. Mühlenbeck, Skibicki (2007), S. 19.
[88] Vgl. Mühlenbeck, Skibicki (2007), S. 13.
[89] Vgl. Mühlenbeck, Skibicki (2007), S. 13.
[90] Vgl. Mühlenbeck, Skibicki (2007), S. 13.
[91] Vgl. Mühlenbeck, Skibicki (2007), S. 19.

ungehemmter als in der realen Welt zu kommunizieren.[92] Noch bedeutender ist, dass Bears & Friends das notwendige Know-how und die nicht zu unterschätzende dauerhafte Kreativität braucht, um gewinnbringend und imagefördernd externe Unternehmenskommunikation zu betreiben.[93] Professionelle Video-Podcasts hingegen können nicht mehr unternehmensintern erstellt werden, sondern sollten Medien-Profis überlassen werden.[94] Dies verursacht zusätzliche Kosten und eine Investition sollte unter Beachtung der Kosten - Nutzen - Relation entschieden werden.[95] In jedem Fall sollte Bears & Friends die Communities und Blogs regelmäßig nach Einträgen zu ihrem Unternehmen durchsuchen, um zeitnah auf negative Kritik reagieren und um Schlimmeres abwenden zu können.[96] Andernfalls drohen ein Kontrollverlust und ein immenser Imageschaden.[97] Absolute Notwendigkeit dafür entsteht spätestens mit der Einführung eines eigenen Unternehmensblogs.[98] Desweiteren müssen die Mitarbeiter zunächst von der Vorteilhaftigkeit von Blogs oder Wikis informiert werden, damit die neuen Möglichkeiten der Kommunikation auch uneingeschränkt von ihnen genutzt werden.[99] Insbesondere sollten erst eventuell bestehende Berührungsängste abgebaut sein, damit Mitarbeiter die neuen Anwendungen vollständig annehmen können.[100] Nichtsdestotrotz wird eine gewisse Abneigung gegenüber der Nutzung der neuen, offenen Anwendungen immer bestehen bleiben, wenn es sich z.B. um vertrauliche Informationen handelt.[101]

4.3   Fazit

Eine unternehmenseigene Online-Community könnte ein Anreiz zum regelmäßigen Besuchen der Unternehmenswebseite von Bears & Friends darstellen. Von der Einführung einer Online-Community ist aber abzuraten, da es für Bears & Friends nur sinnvoll wäre, eine speziell auf sie zugeschnittene Online-Community einzurichten. Diese Spezialität und der damit verbundene Nischencharakter würde aber die Auswirkung haben, dass sich nicht genug Nutzer angesprochen fühlen würden und daher die kritische Masse zur ökonomischen Unterhaltung der Online-Community nicht erreicht werden würde. Desweiteren ist die Konkurrenz mit www.myspace.com,

---

[92] Vgl. Mühlenbeck, Skibicki (2007), S. 15.
[93] Vgl. Hein (2007), S. 77, 79 f., 82, 84, 91, 104.
[94] Vgl. Hein (2007), S. 91.
[95] Vgl. Hein (2007), S. 92.
[96] Vgl. Hein (2007), S. 21, 76, 99, 105. Mühlenbeck, Skibicki (2007), S. 16.
[97] Vgl. Mühlenbeck, Skibicki (2007), S. 16.
[98] Vgl. Hein (2007), S. 75.
[99] Vgl. Hein (2007), S. 87.
[100] Vgl. Hein (2007), S. 88.
[101] Vgl. Hein (2007), S. 88.

www.youtube.com, www.flickr.com oder www.xing.de sehr groß, so dass das Potenzial einer unternehmenseigenen Online-Community sehr gering ist. Dem Aufwand steht ein verhältnismäßig geringer Nutzen gegenüber und daher wird eine unternehmenseigene Online-Community keinen nennenswerten Beitrag zum Primärziel der Gewinnmaximierung leisten können.

Die Einführung eines unternehmenseigenen Blogs hingegen kann ein sinnvolles Marketinginstrument sein.[102] Das Blog ermöglicht Bears & Friends, sich durch interessante Themen ins Gespräch zu bringen. Das Blog stellt den Nutzern einen Ort für ihre individuellen Kommunikationsbedürfnisse zur Verfügung.[103] Die Attraktivität der Webseite wird dadurch gesteigert und Bears & Friends kann daher mit einer höheren Abrufquote rechnen. Darüber hinaus kann Bears & Friends leicht Trends und Produktmeinungen in Erfahrung bringen, die kostbare Informationen für die zukünftige Positionierung des Unternehmens darstellen. Auch im unternehmensinternen Bereich von Bears & Friends ist das Blog eine sinnvolle Anwendung. So lassen sich auf einfache und kostengünstige Weise Informationen weitergeben oder Projektarbeiten durchführen. Auch das Wissensmangement mittels Blogs bietet sich an.[104] Lediglich eventuell bestehenden anfänglichen Berührungsängsten muss mit vermehrter Schulung der Belegschaft bzgl. des Umgangs mit der neuen Anwendung begegnet werden.

Wikis eignen sich insbesondere für den unternehmensinternen Einsatz. Mit einem geringen Aufwand lassen sich bspw. unkompliziert Projekt- und Teamarbeiten aber auch Wissensmanagement durchführen.[105] Auch hier muss nur einer anfänglichen Scheu adäquat begegnet werden.

Ein unternehmenseigenes Audio-Podcast kann Bears & Friends helfen, sich regelmäßig ins Gespräch zu bringen. Mit geringem Aufwand aber viel Kreativität lassen sich bspw. unternehmensbegleitende Beiträge zum Herstellungsprozess der Süßigkeiten oder zu den eingesetzten Lebensmitteln erstellen. Denkbar und noch origineller sind regelmäßig erscheinende Kinder-Tiergeschichten. Damit könnte sich Bears & Friends nachhaltig in den Alltag der Nutzer einfinden und somit seinen Umsatz und Gewinn steigern. Aber auch im unternehmensinterne Bereich wäre eine Anwendung als regelmäßig

---

[102] Vgl. Hein (2007), S. 37.
[103] Vgl. Hein (2007), S. 12 f. .
[104] Vgl. Hein (2007), S. 40 f. .
[105] Vgl. Hein (2007), S. 40 f. .

erscheinendes Informationsmedium denkbar. Allerdings müssen auch entsprechende technische Ressourcen zur Verfügung gestellt werden.

Video-Podcasts stellen wegen ihren höheren technischen, personellen und auch letztlich monetären Anforderungen ein Marketinginstrument dar, welches nur bedingt für Bears & Friends ökonomisch sinnvoll einsetzbar ist. Zudem bräuchte Bears & Friends auch dauerhaft viel Kreativität, um ein langfristiges Themenkonzept zu erarbeiten. Sind diese Hürden jedoch genommen, kann es durchaus gewinnbringend sein, regelmäßig Videobeiträge zu veröffentlichen. Mögliche Projekte könnten z.B. Hintergrundberichte zu den Produkten von Bears & Friends, zu den eingesetzten Lebensmitteln, zu den Mitarbeitern und zu den Filialstandorten von Bears & Friends oder auch Videos von Kindergeburtstagen oder Karnevalsveranstaltungen sein. Auf jeden Fall sollte jedes einzelne Projekt einer Kosten-Nutzen-Prüfung unterzogen werden. Bedingt durch die Größe des Unternehmens scheidet eine Verwendung als Firmensenderersatz aus.

Newsfeeds lassen sich mit geringem Aufwand integrieren und machen die neue Internetseite von Bears & Friends durch die Einblendung von Neuigkeiten vom Unternehmen, aber auch andere interessante oder spezielle Informationen für den Besucher attraktiver.

Mashups können ein sinnvolles Instrument zur Attraktivitätssteigerung der Bears & Friends Webseite sein. Beispielhaft könnten zu veröffentlichten Bildern im Bears & Friends-Blog Geo-Daten beigefügt werden. Dadurch erhält das Blog einen weiteren Nutzen und ist noch interessanter.

Das Messaging bietet Bears & Friends insbesondere den Vorteil, dass durch die Nutzung von Instand Messenger Kosten der Kommunikation reduziert werden können. Der Anwendung im Unternehmen könnten nur anfängliche Berührungsängste wegen der Neuartigkeit der Anwendung entgegenstehen, die aber leicht abzubauen sind.

Zusammenfassend ist zu sagen, dass die Integration aller beschriebenen Web 2.0-Elemente, mit Ausnahme der unternehmenseigenen Online-Community und bedingt des Video-Podcasts, im unternehmensinternen und/oder unternehmensexternen Bereich für Bears & Friends ökonomisch sinnvoll ist, da sie helfen entweder den Umsatz zu steigern und/oder die Kosten zu reduzieren. Sie tragen also allesamt zu den Sekundärzielen und folglich auch zu dem Primärziel der Gewinnmaximierung bei. Wichtig ist aber, nicht den kommerziellen Gedanken bei der Ausgestaltung der

Anwendungen Vorrang zu geben, sondern vielmehr den Nutzer durch Authentizität, Offenheit, Kreativität und zusätzliche, nützliche Anwendungen, auf seine Seite zu bringen und langfristig positive Reputation aufzubauen.[106] Nur dann werden die Anwendungen dem Unternehmen auch Erfolg bringen.

5 Ausblick

Auf mittelfristige Sicht wird das Internet unseren Alltag in noch stärkerem Maße durchdringen. Neue leistungsfähigerer, komfortabler zu bedienende, mobile Geräte, wie Smartphones, werden es uns ermöglichen, jederzeit und überall über das Internet Informationen zu beziehen und Internet-Anwendungen zu nutzen.[107] Die Preise für das mobile Internet werden mittelfristig deutlich sinken und dadurch den Prozess der Durchdringung nochmals beschleunigen.[108] Besonders stark werden sich Location Based Services entwickeln.[109] Dann wird der Nutzer über sein Smartphone gezielt Informationen über die Region, in der er sich gerade aufhält, abrufen können.[110] Denkbar sind Informationen über Restaurants, Kinos oder Geschäfte, wobei es möglich sein wird, sich per GPS zusätzlich den Weg dort hin anzeigen zu lassen.[111] Auch der Kauf von Musik in Online-Stores ist dann möglich und Handys können zum Bezahlen in Geschäften genutzt werden.[112] Alles in allem wird das Internet immer mobiler und jederzeit und überall zugänglich sein.

Darüber hinaus wird die Vernetzung von Geräten weiter voranschreiten.[113] Beispiele hierfür sind die zunehmende Vernetzung von Geräten in Häusern oder auch intelligente Kleidung, die beispielsweise die Herzfrequenz misst und bei lebensbedrohlichen Veränderungen automatisch einen Notruf absetzen kann.[114] Im Handel und in der Industrie wird die RFID-Technik (Radio Frequency Identification) weiter Einzug finden.[115] Sie dient dem berührungslosen Identifizieren und Lokalisieren von Gegenständen über elektronische Etiketten.[116] Auffällig ist aber, dass insbesondere die

---

[106] Vgl. Hein (2007), S. 10.
[107] Vgl. Hein (2007), S. 112 f. .
[108] Vgl. Hein (2007), S. 113 f. .
[109] Vgl. Hein (2007), S. 115.
[110] Vgl. Hein (2007), S. 115.
[111] Vgl. Hein (2007), S. 115.
[112] Vgl. Hein (2007), S. 115.
[113] Vgl. Hein (2007), S. 116.
[114] Vgl. Hein (2007), S. 116.
[115] Vgl. Hein (2007), S. 117.
[116] Vgl. Hein (2007), S. 117.

Markteinführung neuer Produkte und Technologien sich langsamer vollzieht, als ein aufmerksamer Messebesucher denken könnte.[117]

Ein weiterer Trend der Zukunft wird die Virtualität im Internet sein.[118] Virtuelle Welten werden es dem Nutzer möglich machen, seine Ideen in einer virtuellen Welt zu verwirklichen und dabei mit anderen Nutzern, ähnlich wie in Second Life, in Kontakt zu treten.[119] Insbesondere Unternehmen der Konsumgüterbranche möchten gerne Teil dieser virtuellen Welt sein und werden sich hier stärker als bisher präsentieren.[120]

---

[117] Vgl. Hein (2007), S. 117.
[118] Vgl. Hein (2007), S. 118.
[119] Vgl. Hein (2007), S. 118 f. .
[120] Vgl. Hein (2007), S. 122 f. .

LITERATURVERZEICHNIS

Amoako-Gyampah, Kwasi; Acquaah, Moses (2008): Manufacturing strategy, competitive strategy and firm performance: An empirical study in a developing economy environment, in: International Journal of Production Economics, Vol. 111, 2008

Bowen, John T.; Chen, Shiang-Lih (2001): The relationship between customer loyalty and customer satisfaction, in: International Journal of Contemporary Hospitality Management, Vol. 13 (5), 2001

Devarajan; Swaroop; Zou (1996): The composition of public expenditure and economic growth, in: Journal of Monetary Economics, Vol. 37, 1996

Duschinski, Hannes (2007): Web 2.0 – Chancen und Risiken für die Unternehmenskommunikation, Diplomica Verlag, Hamburg, 2007

Fritz, Wolfgang (2001): Internet-Marketing und Electronic Commerce, Gabler Verlag, Wiesbaden, 2001

Garcia, Jürgen Schiller (2007): Enterprise 2.0 – Web 2.0 im Unternehmen, VDM Verlag Dr. Müller, Saarbrücken, 2007

http://www.gartner.com/DisplayDocument?id=595515 (Abruf: 19.01.2009)

Gerber, Hans U.; Shiu, Elias S.W. (2004): Optimal Dividends: Analysis with Brownian Motion, in: North American actuarial Journal, Vol. 8 (1), 2004

Gould, Graham (1995): Why it is customer loyalty that counts (and how to measure it), in: Managing Service Quality, Vol. 5 (1), 1995

Haythornthwaite, Caroline; Wellman, Barry (2002): The Internet in Everyday Life, 2002,

http://chass.utoronto.ca/~wellman/publications/everdayintro/Haythornthwaite_Well man_intro.PDF, Abruf: 19.01.2009

Hein, Andreas (2007): Web 2.0, Haufe Verlag, Planegg, 2007

Ilić, Bojan; Milićević, Vesna (2005): Integrative Approach to the contemporary Pricing Strategies, in: Facta universitatis-series: Economics & Organization, Vol. 2 (3), 2005

Kalra, Ajay; Shi, Mengze (2001): Designing Optimal Sales Contests: A Theoretical Perspective, in: Marketing Science, Vol. 20 (2), 2001

Kilian, Thomas; Hass, Berthold H.; Walsh, Gianfranco (2007): Grundlagen des Web 2.0, Springer Verlag, Berlin, 2007

Knox, Simon (1998): Loyalty-Based Segmentation and the Customer Development Process, in: European Management Journal, Vol. 16 (6), 1998

Lee, Chi-Wen Jevons; Xue, Shuang (2004): Earnings Management of Loss-Firms in China,
http://www.bm.ust.hk/~acct/Incubator_Research_Camp/Earnings_Management%20o f....(English%20Version).doc, Abruf: 19.01.2009

Meyerhöfer, Andreas (2006): Das neue Netz; in: impulse, September 2006

Moorman, Christine; Roland, T. Rust (1999): The Role of Marketing, in: The Journal of Marketing - Fundamental Issues and Directions for Marketing, Vol. 63, 1999

Moschis, George P.; Lee, Euehun; Mathur, Anil (1997): Targeting the mature market: opportunities and challenges, in: Journal of Consumer Marketing, Vol. 14 (4), 1997

V

Mühlenbeck, Frank; Skibicki, Klemens (2007): Community Marketing Management, Books on Demand, Norderstedt, 2007

O'Reilly, Tim; Musser, John (2006): Web 2.0 - Principles and Best Practices, in: O'Reilly radar, November 2006

Reisch, Lucia A. (2001): The Internet and Sustainable Consumption: Perspectives on a Janus Face, in: Journal of Consumer Policy, Vol. 24 (3-4), Dezember 2001

Slawik, Reinhard Keil (2001): Digitale Medien und gesellschaftliche Entwicklung: Arbeit, Recht und Gemeinschaft in der Informationsgesellschaft, Waxmann Verlag, Münster, 2001

Statistisches Bundesamt 2004, http://www.destatis.de/jetspeed/portal/cms/Sites/destatis/Internet/DE/Presse/pm/2005/03/PD05__120__ikt.psml, Abruf: 19.01.2009